AF257792

LETTRE

DE

M. DE CALONNE

AU CITOYEN

AUTEUR DU PRÉTENDU RAPPORT

FAIT A S. M. LOUIS XVIII.

***

ridiculum, acri,
Fortiùs et meliùs magnas plerumque fecat res.
HORACE, Sat. 10.

***

A LONDRES:

DE L'IMPRIMERIE DE W. & C. SPILSBURY.

SE VEND CHEZ DE BOFFE, GERARD-STREET, ET LES AUTRES LIBRAIRES.

1796.

[*Prix un Shelling.*]

LETTRE

DE

M. DE CALONNE

AU CITOYEN

AUTEUR DU PRÉTENDU RAPPORT

Fait à Sa Majesté Louis XVIII.

Londres, *le 26 Juillet*, 1796.

OH ! pour le coup, Citoyen, (*) ce n'est plus seulement la perruque, (†) c'est la tête que vous avez perdue. Je vous passe la folie de vous être cru RAPPORTEUR au Conseil du Roi, d'une affaire

---

(*) Je ne suis pas accoutumé à cette expression ; mais comme il est du devoir de la politesse de donner à ceux à qui l'on écrit *le titre dont ils s'honorent*, je ne puis pas en donner un autre à l'auteur du Rapport, vu sa protestation, page 150.

(†) Allusion à la comique aventure du personnage, lorsqu'une méprise l'ayant mis dans le cas de fuir en abandonnant sa volumineuse perruque, il couroit à travers les appartemens de Versailles, la tête en enfant de chœur, & le reste du corps dans l'habit de cour des magistrats. Le trait est connu de tout le monde ; & comme jamais bafoué ne fut mieux dédommagé, on en a fait un joli proverbe sous le titre, *A quelque chose malheur est bon.*

B

qui n'a jamais exifté ; d'en avoir pris la qualifica-
tion, fans qu'on vous l'eût donnée ; d'avoir fait
imprimer & réimprimer votre diatribe fous le
titre de *Rapport fait à Sa Majefté Louis XVIII*,
fans aucune permiffion de fa part ; & de lui avoir
déclaré à elle-même que ce libelle injurieux
devoit être la bafe de fon jugement, quoiqu'elle
n'eût témoigné ni la volonté de juger, ni la
moindre envie de prendre jamais pour bafe de
fes décifions, les productions de votre cerveau.
Tout cela n'eft que du ridicule ; & ce n'eft
rien pour qui en a tant qu'il eft dans l'heureufe
impuiffance d'y ajouter.

Mais ce qui eft par trop extravagant, & dont
je veux, malgré l'excès de vos rigueurs envers
moi, vous avertir charitablement, c'eft que tout
en m'accufant d'avoir contredit la proclamation
royale, vous l'avez déjouée de la manière la
plus perfide ; qu'exaltant avec l'air de l'admi-
ration, les principes qu'elle renferme, vous en
avez oppofé d'abfolument contraires ; & que
vous battant les flancs pour venger le Roi d'une
offenfe imaginaire, vous lui en avez faite une
très-réelle, ayant lancé en avant de toutes vos
forces les propofitions les plus capables de
le heurter ; . . . .

Page 1.

Page xi,
ligne 12.

Ce qui fait que chacun, parcourant votre ouvrage,
Se fouvient d'avoir lu qu'un jour *l'ours émoucheur,*
Voulant, par un faux zèle, *écarter du vifage*
De fon ami dormant, ce parafite ailé
>*Que nous avons mouche appelé,*
Vous empoigne un pavé, le lance avec roideur,
Caff: la tête à l'homme, en écrafant la mouche,
Et non moins bon archer que mauvais raifonneur,
Roide mort étendu fur la place le couche.

La Fontaine, L. viii, Fab. 10.

L'application d'une fable n'eft jamais d'une jufteffe parfaite. Sans doute le Roi eft fort au-deffus de vos atteintes : mais les autres traits font reconnoiffables. On voit en moi, la foible mouche qui ne pique ni n'éveille ; en vous, le maladroit écrafeur ; (*) en votre ouvrage, le lourd pavé.

Ce n'eft pas tout encore : mais ne vous affligez pas trop de ce que je vais vous dire. N'eft-il pas vrai qu'en m'attaquant à outrance, vous avez efpéré plaire à ces zélateurs favorifés qui perfécutent avec acharnement quiconque ne croit pas à la poffibilité d'une réintégration

---

(*) Je n'ai pas voulu dire *l'ours émoucheur,* craignant qu'à caufe de quelques rapports de figure & de manière, le nom ne lui reftât.

B 2

abſolue ? Voyant leur influence, vous avez jugé utile de capter leurs ſuffrages ; vous avez voulu vous ménager, à toute chance, leur appui. Les philoſophes les plus ſtoïques ne s'oublient pas. Eh bien, il en eſt advenu tout au rebours. Ces réintégrans enthouſiaſtes ſe déchaînent aujourd'hui contre vous, autant & plus que contre moi. S'ils ont blâmé mon opinion avec amertume, ils ſe récrient contre votre réfutation avec fureur. Savez-vous comment ils s'expriment ? Ils diſent que votre ouvrage eſt bien pire que celui dont vous vous êtes ingéré de faire le rapport ; que ce que j'avois ſeulement fait entendre, vous l'avez développé ; & que ce que vous me reprochez d'avoir eu en vue, vous l'avez effectué, puiſque non-ſeulement vous avez avoué la néceſſité d'une *Page 252, ligne 10.* *conſtitution concertée & réglée avec la Nation,* mais que vous en avez vous-même fabriqué un modèle fort oppoſé à ce qui exiſtoit avant la révolution, diamétralement contraire au régime ſous lequel la France a le plus proſpéré, & qui n'eſt qu'un extrait de la Conſtitution de 1791. Voilà comme ils qualifient ce que vous avez appelé *les élémens de nos loix* ; en conſéquence, ils vous traitent de conſtitutionnel déguiſé, de faux royaliſte, de novateur hypocrite : & pour vous fauver d'accufations auffi graves, auffi capables de nuire à vos intérêts, je ne vois qu'un feul moyen : c'eft de vous abandonner au ridicule qui vous a déjà fi bien réuffi, de vous en couvrir de plus en plus, & de vous envelopper tellement du manteau de vos inconféquences, qu'on ne fache comment vous prendre. C'eft à quoi je vais vous aider de mon mieux ; je vous ferai paroître fi abfurde, qu'on ne pourra vous trouver coupable ; & j'appaiferai ainfi les plus animés contre vous, comme je me fuis appaifé moi-même.

Oui, moi-même, car il faut vous l'avouer, j'ai été pendant quelques heures horriblement courroucé contre vous. A la première lecture de votre rapport imaginaire, ce qui m'a le plus frappé, c'eft ce qui m'attaque perfonnellement. Comme l'humanité eft foible ! j'ai été affez bête pour être fenfible à vos calomnies, pour m'indigner de l'infidélité de vos citations, pour être exceffivement irrité de votre noire application à aigrir le Roi contre moi. Imbécile que je fuis, de m'étonner encore, à mon âge, & après tout ce que j'ai éprouvé, de ce qu'il y a tant d'hommes qui fe plaifent gratuitement, & fans motif, aux plus atroces méchancetés ; de ce que les émigrés fur-tout, au lieu de s'entr'aider dans leur malheur commun, & de fe foutenir mu- tuellement en pays étranger, ne font occupés qu'à fe déchirer l'un l'autre, & à faifir tous les moyens poffibles de fe nuire réciproquement! Peu s'en eft fallu que moi-même, à force d'être harcelé, aboyé, & excédé de piqûres d'infectes, je n'aie auffi participé à cette rage générale, & que je ne me fois emporté avec violence contre Monfieur le rapporteur, qui fe préfentoit alors à mes yeux comme un impofteur auffi barbare en intentions, qu'impudent en fuppofitions.

Vous entendez bien, Citoyen, que tout cela n'étoit que l'effet du premier moment.

Je me difois dans mon aveugle colère: " Que " lui ai-je donc fait à ce vieux fou qui rampoit " devant moi lorfque j'étois miniftre & qu'il foli- " citoit la place que je lui ai procurée au Confeil " du Commerce, pour qu'aujourd'hui élevant " contre moi fa tête de ferpent, il me darde en " fifflant tout ce qu'il a pu amaffer de venin " dans le fombre réduit où il devroit fe con- " tenter d'amaffer des écus? Que lui ai-je fait " pour que, s'efforçant d'effacer le fouvenir des " fervices que j'ai rendus à nos Princes, & d'in-

[7]

« troduire dans leurs ames un fentiment indigne
« d'elles, il me dépeigne dans le rapport qu'il
« leur fait fans miffion, comme un *ennemi par*
« *qui ils font offenfés,* comme *déferteur de leur*
« *caufe,* comme le *champion de la caufe contraire,*
« comme voulant devenir *chef de fette,* comme
« *niant l'exiftence de la loi qui eft le titre de Sa*
« *Majefté,* comme *accufant le Roi de vouloir*
« *établir le defpotifme en France,* comme *exhor-*
« *tant les fujets fidèles à méconnoître fes inten-*
« *tions,* comme *attaquant tous les principes qu'on*
« *a toujours confidérés comme facrés,* comme *pro-*
« *feffant* ceux qui exciteroient l'animadverfion
« *des organes de nos loix s'ils avoient confervé*
« *quelque pouvoir,* enfin comme fufpect de *defir*
« *de nuire, & de fentimens que ne fe permet pas un*
« *homme d'honneur ?* Que lui ai-je fait pour
« joindre à ce tas d'imputations groffières &
« révoltantes, l'inhumanité de venir, après dix
« ans, infulter à ma difgrace miniftérielle, tâcher
« de l'aggraver par des circonftances menfon-
« gères, retracer comme jufte un traitement qui
« a été reconnu immérité, & rouvrant une blef-
« fure cicatrifée, fe complaire cruellement à tour-
« ner le poignard dans la plaie ?"

Page 219, lig. 13, & p. xi lig. dern.

Page 241. lig. 13 & 14. *Item,* lig. 23.

Page 1, fect. 1 ; & page 210, fect. v, lig. 15.

Page 241. lig. 16.

Page 211, lig. 17; page 239, lig. 12.

Page 6, lig. dernière.

Page 24, lig. 5.

Page 8, lig. 15.

Mon

Mon cœur s'étoit gonflé d'indignation, pendant que mes yeux pompoient toutes ces horreurs dans votre odieux libelle ; & comme je veux vous faire une confession entière, je vous dirai encore, que dans le fort de l'accès de cette fièvre inflammatoire, j'avois formé successivement trois résolutions très-sévères.

LA PREMIÈRE étoit de vous dénoncer au Roi Louis XVIII, comme masquant sous des dehors adulateurs, des principes fort antipathiques aux siens, & tels que n'en avoit prononcés aussi hardiment aucun de ceux qu'on lui a fait mettre au rang des réprouvés, lorsqu'ils vouloient se réunir sous son étendart. J'aurois cité maintes & maintes phrases très-saillantes de votre prétendu rapport ; par exemple, celle-ci : *L'intérêt des peuples a créé les Rois ; là où finit cet intérêt, là finit leur puissance* (ce qui est au moins très-louche). Et puis celle-ci : *Je ne reconnois pas pour loix fondamentales de l'Etat, les loix qui n'ont pas été concertées avec la nation : quelque sages, quelque justes qu'elles puissent être, elles sont nulles par défaut de pouvoir* (ce qui annulle d'un coup de filet à-peu-près toutes les loix de l'Etat). Et puis celle-ci : *La nation doit avoir des représentans ; ces représentans doivent s'assembler*

Page 267, lig. 21,

Page 253, lig. 18, &c.

Page 274, lig. 2, 6 & 7.

bler....*fans leur confentement aucune loi ne peut être donnée, aucun impôt ne peut être créé,* (ce qui, abftraction faite des modifications néceffaires quant aux règlemens provifoires, n'eft certainement pas conforme à ce qui préexiftoit). Et puis celle-ci : *Sans affemblée de la nation, point de liberté* (ce qui déclare tyrans les trois quarts de nos Rois fous qui il n'y a point eu d'Affemblée Nationale, & entre autres François Ier, Henri IV, Louis XIV, & Louis XV). Et puis celle-ci : *L'exiftence de l'affemblée de la nation eft liée à l'exiftence de l'Etat* (ce qui femble entraîner fa permanence, que néanmoins on réduit enfuite à une *périodicité fixée à des termes courts & certains,* laquelle n'a jamais eu lieu depuis Charlemagne). Et puis celle-ci : *Le Roi ne peut gouverner fans l'affiftance de la nation.....les pouvoirs légiflatif & exécutif (dont il y a divifion) étant en préfence, en oppofition, & fous divers rapports dans une dépendance réciproque.....c'eft dans un tel équilibre & une telle combinaifon de pouvoirs que réfide effentiellement la Liberté.* Doctrine certainement nouvelle, & bien différente de celle des autres défenfeurs de la Conftitution préexiftante, lefquels foutiennent que fuivant elle, le Roi eft *légiflateur fuprême fans partage & fans dépendance.* Enfin, j'aurois pu citer d'une part,

Page 252, lig. 4.

Page 262, lig. 8.

Page 61, lig.

Page 265, lig. 5.

Page 264, lig. 22.
Page 265, lig. 7, &c.
Lig. 16.

Ouvrages de MM. Bertrand, d'Outremont, De Blair, Ferrand, De Limon, &c.

C

la tirade, où, après une longue énumération des *contraventions aux loix & à la constitution de l'Etat*, dont le *régime suivi avant la révolution* étoit coupable, vous observez vous-même, *qu'aucun des libelles publiés contre le gouvernement de France, n'en a donné un recensement aussi exact* ; & d'autre part le dogme posé par vous sans aucune exception, *que tout infracteur de la loi doit être puni*. Rapprochant ces deux phrases, j'aurois pu supplier le Roi de juger qui de vous ou de moi, mérite le reproche d'avoir *justifié les forfaits de la révolution*. Eh ! quel poids auroit eu ma proposition, si me faisant à mon tour votre rapporteur, j'avois cité, avec interprétations semblables aux vôtres, les passages où vous dites, que *plusieurs des principes du code de la démocratie Françoise sont vrais, d'une vérité éternelle...... que tous les parlemens du royaume ont professé une grande partie de ces principes, qu'un zèle* INCONSIDÉRÉ *flétrit dans la bouche des républicains.....& que dans ce code tant célébré & tant admiré d'un côté, tant censuré & tant abhorré de l'autre, vous trouvez plus de maximes dangereuses que vous n'en trouvez de fausses & d'injustes.* Ah ! que vous auriez été charmé que j'en eusse dit autant, ou même le demi-quart ! comme cela eût figuré en noir foncé, dans votre Rapport !

Page 214, lig. 17.
Page 159, lig. 20.
Page 254, lig. dernière.
Page vii, lig. 13, &c.
Page 248, lig. 22.
Page 2, dern. ligne.
Page 248, lig. 14.

Mais moi, toujours bonhomme au milieu même de mes colères, j'ai confidéré qu'on pouvoit excufer vos maximes de la même manière que vous excufez celles des Jacobins, en les trouvant *plus dangereufes que fauffes* ; & que fi elles font inconciliables avec le rétabliffement de ce qui étoit, elles pourroient, moyennant quelques tempéramens, entrer dans la compofition de ce qui devroit être. C'eft pourquoi j'ai bientôt abandonné la penfée d'en rendre compte au Roi ; & je n'ai pas voulu lui dénoncer ce que les rigoriftes y trouvent d'*hétérodoxe*, ou ce qui eft du moins *mal-fonnant* ; parce que fe faire rapporteur, pour être un délateur dénigrant, me paroît un rôle infâme.

MA SECONDE IDÉE avoit été de me plaindre à MONSIEUR, de ce que fon Chancelier outrageoit fes fentimens, en outrageant, fans le moindre ménagement, quelqu'un à qui Son Alteffe Royale a bien voulu donner des ASSURANCES D'UNE ÉTERNELLE AMITIÉ ; de ce qu'il avoit l'indignité d'appeler *plus qu'une difgrace*, une dé-miffion qui fut demandée par une lettre pleine de bonté, de la main de Louis XVI, qui fut accompagnée d'un brevet de penfion très-honorable, qui fut fuivie d'un témoignage de confiance

Page 2, dern. ligne.

Page 3,
lig. 4.

Page 3,
lig. 5.

fans exemple ; (*) de ce qu'il avoit rappelé méchamment, & fauffement circonftancié un acte de rigueur que MONSIEUR fait mieux que perfonne avoir été furpris par l'intrigue ; de ce qu'il l'attribuoit encore aujourd'hui à une caufe qui fut, en plein confeil, reconnue être deftituée de tout fondement.(†) Enfin, de ce qu'il avoit ofé affirmer *que jamais je n'étois parvenu depuis, à infpirer de moi au Roi Louis XVI, une opinion favorable,* tandis que le contraire eft parfaitement connu, & de Louis XVIII, à qui il s'adreffe, & de MONSIEUR, dont il devroit plus que perfonne refpecter l'opinion. Certainement j'aurois pu repréfenter à ces Princes, que c'étoit leur manquer effentiellement, què de fuppofer qu'ils m'euffent mis à la tête de leurs affaires, & honoré de toute leur confiance, s'ils n'avoient pas été affurés, comme ils le furent en

---

(*) Après ma retraite le Roi m'engagea à refter quelques jours, pour donner à mon fucceffeur mes mémoires, notes, & inftructions. Ce font les termes de fa Lettre.

(†) L'Archevêque de Sens ayant parlé au Confeil de ces fommes qu'il difoit, & que l'auteur du rapport dit encore, avoir été données fans approbation du Roi, & à fon infçu, M. le Baron de Bréteuil eut l'honnèteté de rappeler à Sa Majefté, que je lui en avois fait rapport dans fon Confeil, & que, de l'avis de tous les Miniftres, elle en avoit approuvé l'emploi. Sa Majefté dit qu'elle s'en fouvenoit fort bien.

effet, que l'infortuné Roi leur frère approuvoit mon service auprès d'eux, & m'accordoit de l'estime. Je pourrois même dire, qu'il m'honora de ses regrets. Vous l'avez sans doute ignoré, Citoyen, parce que vous avez toujours été fort peu instruit de l'intérieur de la Cour : mais mes titres auprès de nos Princes, vous sont connus : & croyez-vous que si j'avois invoqué tout à la fois la justice de Monsieur, & *les tendres sentimens* sur lesquels il m'a permis de compter, pour en obtenir une satisfaction éclatante de la diffamation calomnieuse que vous vous êtes permise contre moi ; si je l'avois supplié de considérer qu'il ne pourroit pas la tolérer de la part d'un homme attaché à son service, sans paroître l'accréditer ; & que l'impunité de ce qui attaquoit indignement mon caractère politique, pouvoit faire quelque tort au sien ; croyez-vous qu'il n'y auroit eu aucun égard ? croyez-vous qu'il eût abandonné l'homme qui eut le bonheur de lui rendre d'importans services, dans la circonstance la plus intéressante de sa vie, à l'animosité de l'homme qui fut nul alors, à vous, Citoyen, qui loin de lui, n'étiez occupé qu'à soigner votre fortune, pendant que je lui sacrifiois la mienne, mon repos, & tout ce qui pouvoit faire l'agrément de la fin de mes jours ?

Non,

Non, non, ne vous y trompez-pas: si je m'étois écrié, " O! mon Prince, pourquoi sont-ce vos " protégés qui me persécutent? faut-il que je " sois déchiré, sous vos yeux, par ceux qui vous " doivent tout? laisserez-vous votre serviteur " fidèle dans la fosse aux vipères?" il auroit entendu ma voix, & son ame sensible ne se feroit pas fermée aux accens de ma plainte. Mais soyez tranquille, Citoyen ; j'ai rejeté toute pensée de demander la punition que méritent mes calomniateurs. Je ne trouve aucun plaisir à nuire, & j'ai toujours montré que j'aimois mieux faire des ingrats que des malheureux.

MA TROISIÈME IDÉE, à laquelle j'ai tenu plus long-temps, parce qu'elle m'étoit inspirée par soin de ma réputation, plutôt que par soif de vengeance, c'étoit de mettre dans la plus grande évidence, toutes les faussetés sur lesquelles vous appuyez vos principales inculpations. J'avois envie de former à cet effet, un tableau à deux colonnes, où j'aurois placé d'un côté, les imputations forgées, & les citations altérées ou tronquées ; d'un autre côté, les preuves contraires & les textes vrais. En voici seulement un petit échantillon.

FAUSSETÉS.	VÉRITÉS.

FAUSSETÉS.

L'Auteur du Tableau de l'Europe a nié l'existence de la loi Salique.

(Sect. 1, pag. 1, du Rapport, & sect. 2, page 7, où l'on a tronqué indignement la citation.)

Cette loi qu'il attaque, est la base de notre droit François. C'est d'elle plus que d'aucune autre, qu'on a pu dire, qu'elle est la véritable institution de l'Etat....qui, lorsque les autres loix vieillissent, ou s'éteignent, les ranime ou les supplée.

(Sect 2, page 7 & 10, du Rapport.)

Il a prétendu (l'auteur du Tableau de l'Europe), que la loi qui règle la succession au trône, est nulle ou insignifiante....il a fait confidence à l'Europe, qu'on ne connoît que par tradition, c'est-à-dire que par des conversations, la constitution du pays dans lequel il a exercé les fonctions les plus importantes.

VÉRITÉS.

Loin de nier l'existence de cette loi, j'ai attesté, l'ayant bien lue & relue, *qu'elle ne contient rien qu'on puisse, appeler une constitution.* En citant, on a supprimé cette fin du texte.

(*Tabl. de l'Europe*, p. 122, ligne dernière.)

Ce sont ces absurdes propositions que je nierai toujours. La loi Salique n'est qu'un mauvais code pénal, ou il n'y a que 7 ou 8 articles relatifs au droit civil, & qui, dès la fin de la seconde race, étoit tombé dans un juste oubli. Il est ridicule, quelques auteurs qu'on puisse citer, de dire que cette rapsodie est *la base du droit François*, &c.

(C'est ce qu'on trouvera prouvé évidemment, pages 10, 11, 12, 13, &c. de l'Appendix annoncé & presque entièrement imprimé, qui va paroître.)

C'est une calomnie insigne: & la citation est fausse, altérée, tronquée. Je n'ai jamais dit ni écrit un seul mot, qui témoigna le moindre doute sur la règle de la succession au trône. On verra aux susdites pages de l'Appendix, combien je lui rends hommage, en la séparant de la fausse origine que l'ignorance lui a donnée.

FAUSSETÉS.	VÉRITÉS.

Pour preuve, on cite un passage qu'on appelle *texte du Tableau de l'Europe*, & on s'arrête au mot *tradition*, sans donner la suite.

(Page viij, & page 13, du Rapport.)

NOTE.

Le rapporteur s'est prévalu de la phrase dont on fait voir ci-contre, que la citation est tronquée, pour avancer que *la Lettre au Roi Louis XVI, établissoit des principes anti-monarchiques......& que le Roi ne fut pas surpris de les trouver contraires à ceux que son Ministre avoit toujours professés.*

Tout cela n'est qu'une suite de mensonges appuyés sur une altération de texte. La lettre de 1789 ne déplut pas au feu Roi ; elle déplut fort à la Convention ; & c'est la première fois qu'on l'ait appelée *anti-monarchique.*

Ce qu'on cite comme *texte du Tableau de l'Europe* est une phrase de ma Lettre au Roi, en 1789. Et pour s'autoriser à dire que je ne donnois aux maximes de l'Etat, *& même à l'hérédité du trône*, d'autre fondement qu'une vaine *tradition, de conversations*, on a supprimé du texte, après le mot *tradition*, cette addition bien essentielle : *tradition qui est consacrée par des siècles de possession, & que le Parlement Cour des Pairs a pris soin de conserver, de fortifier même.... mais, il n'y a pas de code où la législation de ces grands objets soit formellement inscrite....* (Lettre au Roi de Février 1789, cité à l'Appendix de l'édition anonyme du *Tableau de l'Europe,* pages 134 & 135.)

C'est en retranchant toute cette fin du texte cité, qu'on ose supposer que j'ai réduit à une tradition qui ne signifieroit que *des conversations* ce que j'ai dit être consacré par des siècles de possessions & corroboré par les soins conservateurs du Parlement ! Quelle mauvaise foi !

FAUSSETÉS.	VÉRITÉS.

FAUSSETÉS.

Votre Majeſté a dû voir avec peine un Ex-magiſtrat, un Ex-miniſtre . . . . devenir. . . . (On paſſe les injures). *Et il eſt bien douloureux pour elle, dans l'abîme des malheurs où elle eſt plongée, de voir un homme. . . . .qui a eu ſon ſecret. . . . annoncer que le Manifeſte de Votre Majeſté peut* INDUIRE A CROIRE QU'ELLE VEUT ETABLIR LE DESPOTISME EN FRANCE. . . .

(Page 241 du Rapport.)

du rt. *L'Auteur du T. de l'E. appelle le Manifeſte du Roi, de Juillet 1795, un écrit pernicieux . . . .*

9. *. . . . Il en fait une cenſure auſſi indécente qu'injuſte. . . . . avec exhortation aux ſujets fidèles de Votre Majeſté de méconnoître ſes intentions. . . . Il fait conſidérer les intentions de Votre Majeſté comme funeſtes. . .*

VÉRITÉS.

L'Ex-miniſtre eſt encore Miniſtre, autant au moins que le citoyen rapporteur eſt encore Conſeiller d'Etat. Nous ſommes tous des EX; & ce que nous étions, n'eſt plus rien : mais ce qui eſt beaucoup pour prouver la noirceur diabolique du Rapport, c'eſt que les derniers mots de l'article ci-contre, qui ſont cités en lettres italiques, comme extraits du Tableau de l'Europe, ne s'y trouvent aucunement ; que même la note page 136 (de l'édition déſavouée) qu'il a interprétée de la ſorte, dit tout le contraire. C'eſt une impoſture révoltante.

Autre amas d'atroces calomnies !

Il eſt faux que j'aie appelé *le manifeſte un écrit pernicieux.*

Il eſt faux que j'en aie fait une *cenſure indécente.* Je me ſuis même diſculpé de le contredire. *Voyez ma note, p.*122.

Il eſt faux & abſurde à imaginer, que j'aie *exhorté les ſujets fidèles à méconnoître les intentions du Roi.*

Il eſt faux que j'aie fait *conſidérer ſes intentions comme funeſtes,* n'ayant jamais conſidéré que leurs conſéquences.

Pas une de ces expreſſions qu'on m'impute, n'exiſte dans aucun de mes ouvrages ; pas

D

FAUSSETÉS.	VÉRITÉS.

FAUSSETÉS.

Note.

En comparant le texte vrai que je rapporte tout au long ci à côté, avec les textes faux, cités ci-dessus, peut-on s'empêcher de reconnoître qu'il faut être ou aveugle, ou enragé, pour trouver, dans ce que j'ai écrit, une censure indécente du Manifeste, un outrage aux intentions du Roi, une exhortation séditieuse à ses sujets fidèles? J'ai un grand respect pour les intentions du Roi : on doit justice aux miennes : tant pis pour ceux qui injurient ce qu'ils ne pénètrent pas.

VÉRITÉS.

même dans l'édition dont j'ai désavoué l'incorrection.

Voici uniquement ce que j'ai dit dans la véritable (pag. 122).

« Quelques phrases de la « Proclamation Royale aux-« quelles on a donné une in-« terprétation dont les bons « François ne peuvent que « gémir, puisque les mauvais « en ont triomphé, paroissent « attacher strictement le re-« tour de l'ordre au retour de « l'ancienne constitution sans « aucun changement; ce qui, « dans l'opinion que les fac-« tieux ont fait prévaloir, « signifie le retour des an-« ciens abus. . . . . « Mais certainement le Roi « qui a beaucoup lu, qui a « une mémoire prodigieuse, « & qui sait parfaitement « l'histoire de France, n'a « pas entendu que le royaume « ait jamais eu une constitu-« tion proprement dite, une « constitution fixe, authenti-« quement définie & solem-« nellement reconnue. Pour « moi, j'avoue que pendant « quarante ans d'études & « de recherches, je n'ai pu « découvrir en quoi elle con-« siste, ni à quelle époque il « faut la prendre, ni dans « quelles chartes elle réside. »
Puis j'ai dit ailleurs (page 130) : « Le Roi légitime.... « sacrifiant à des conseils peu « réfléchis, la rectitude de

[19]

" " son propre jugement, don-
" noit sujet de dire *qu'il aimoit*
" *mieux tout perdre que de rien*
" *céder.*"
  Je l'ai dit en m'affligeant
de ce " qu'on avoit laissé
" échapper l'occasion la plus
" favorable." (Page 127.)
  Je l'ai dit par bons motifs,
& sans bons motifs je ne le
répéterois pas.

J'aurois pu montrer de la même manière la même suite de faussetés dans tout ce que l'auteur du Rapport suppose & cite, soit comme preuves de la prétendue variation de mes sentimens ; soit dans l'espoir d'annuller par le seul mot J'IGNORE qu'on ne lui conteste pas, ce que j'ai affirmé & ce qu'il ne peut me contester d'avoir vérifié comme administrateur en chef ; soit dans ce qu'il m'impute d'avoir présenté comme *le moyen le plus efficace pour rappeler l'homme à ses devoirs envers la Divinité* ; soit dans ce qu'il dit de l'opinion qu'avoit de moi le probe M. de Fourqueux dont l'ombre le démentiroit, si elle pouvoit répéter ce qu'il m'a tant de fois exprimé. J'aurois fait voir que tout cela étoit ou controuvé, ou falsifié, ou dénaturé ; & le résultat de mon tableau à deux colonnes, rendu complet & public, auroit été de donner à Monsieur le rapporteur 20 à 25 bons démentis appliqués

Pages 4, 5, & 6, du Rapport.

Page 228, 230, 233, 234.
Page 224.

Page 236.

D 2

typographiquement, fur fa large face, fans qu'il eût le mot à dire.

Mais, Citoyen, quelque fondé que je fuffe à vous traiter de la forte, j'ai bien voulu encore renoncer à ce genre de réfutation rigoureufe qui eût été d'une juftice exemplaire ; & vous en ferez quitte pour l'échantillon.

Ainfi toutes les réfolutions pénales que j'avois d'abord formées, & que je viens de vous indiquer, feulement par forme de narration, s'étant évanouies, l'une après l'autre, je m'en tiens préfentement à mon *ultimatum*, c'eft-à-dire, à ma promeffe de ne faire que vous afperger de ridicules, tout autant qu'il vous en faut, pour qu'on ne puiffe pas vous trouver coupable.

En conféquence, je dirai que vous ne paroiffez menteur qu'à force d'être diftrait, & qu'il eft très-poffible que votre attention fouvent égarée, le foit par fois à un tel point que vous vous figuriez avoir lu dans un ouvrage, les textes que vous citez, lors même qu'il n'y en a pas un mot.

Je dirai que vous êtes fi entiché, fi affublé de pédanterie magiftrale, que vous devez rêver procès, & faire des rapports en dormant ; qu'il n'eft donc pas étonnant que ceux même que vous faites éveillé, aient une empreinte de rêverie &

de fommeil, comme l'avoient jadis vos opinions au Confeil.*

Je dirai qu'accoutumé, autant que vous l'êtes, à broyer & à tranfpirer du noir, il eft fort naturel qu'il s'échappe de tous vos pores beaucoup de noirceurs, involontairement peut-être, & à votre infçu.

Je dirai qu'il feroit trop févère de vous trouver injufte & inhumain, vous qui favez fi peu ce que c'eft, qu'il vous femble très-jufte de vous dire *Concitoyen des Républicains perfécuteurs*, & très-humain de vous faire perfécuteur d'un fidèle Royalifte.

Page 245. lig. 10.

Je dirai que vous êtes en tous points fi bizarre, fi fujet aux difparates, fi incohérent dans vos penfées, fi inconféquent dans vos vues, qu'il n'y a pas moyen d'être long-temps fâché de ce qu'il y a de plus fâcheux de votre part, n'étant pas poffible d'inculper d'un mauvais deffein celui qui fait à peine s'il en a un, ni de contredire avec véhémence celui qui fe contredit lui-même quatre fois davantage.

Je dirai enfin, pour achever de vous peindre, que fi dame Nature, libérale envers vous, n'épargna

---

* Le feu Roi n'y tenoit pas ; il nous dit un jour : *Ce Monfieur de M * *, d'ailleurs fort eftimable, eft, ma foi, par trop foporifique.*

dans la compoſition de votre être, ni l'étoffe ma-
térielle, ni les dons ſpirituels, elle n'y épargna
pas non plus la gaucherie ; & que vous en êtes
ſi bien pourvu, que ſouvent croyant frapper d'un
côté, vous frappez rudement le côté oppoſé ;
que vous offenſez celui que vous avez envie de
flagorner ; & que vous *ſervez ſur les deux toits*
celui à qui vous voulez *tourner la balle*. (*)

C'eſt juſtement ce qui vous eſt arrivé à mon
égard ; c'eſt ce qui a éteint tout mon feu ; c'eſt ce
qui fait qu'en dernier réſultat, je me crois obligé
de vous faire de grands remercimens.

En effet, à la ſeconde lecture de votre rapport,
que dans mon courroux j'avois à peine par-
couru, j'ai vu qu'il contenoit tout ce qu'on pouvoit imaginer de plus fort pour juſtifier ce que
vous me reprochiez d'avoir avancé ; & que, tout
en vous emportant contre mes propoſitions, vous
prouviez leur vérité par d'excellens argumens.
Je ne ſuis pas le ſeul qui l'ait remarqué ; & pour
rendre la choſe ſenſible, il ne faut que rappro-
cher nos dire reſpectifs.

J'ai cru, moi, pouvoir préſumer que le Manifeſte
Royal ſe rapportoit à une conſtitution à venir
plutôt qu'à une conſtitution exiſtante.—Et vous,

----

* Termes du jeu de paulme. La balle tournée eſt celle
qui fait un faux effet.

Citoyen, vous assurez positivement que *ce Ma-
nifeste ne fait mention que de ce qui devroit être.* Page 218, lig. 18.

J'ai conclu, moi, des variations continuelles de
notre gouvernement, que nous n'avions pas de
Constitution stable, & qu'il étoit nécessaire de
fixer enfin le régime politique de la France.—
Et vous, Citoyen, vous concluez de même; mais
vous l'exprimez plus énergiquement en ces
termes : *Je ne me contenterai pas de dire, comme*
l'auteur du Tableau de l'Europe, que Votre Majesté Page 217. ligne 16, &c.
ne doit pas se refuser aux demandes qui seroient
faites pour que désormais le régime politique soit
déterminé & permanent ; mais je dirai que si la fixa-
tion de ce régime politique n'étoit pas demandée,
Votre Majesté elle-même devroit la provoquer.

Vous me reprochez d'avoir dit qu'*en France* Page 152, ligne 17.
il dépendoit entièrement de la volonté du Roi,
de maintenir les loix, ou d'y déroger, quoi-
que j'aie dit aussi *qu'on avoit plus à craindre*
les abus qu'à s'en plaindre. Et vous, Citoyen,
après être convenu qu'*il n'est que trop vrai* Page 154, ligne 2, &c.
que les loix de l'Etat n'ont pas obtenu en
France le respect qui leur est dû, & qu'elles ont
éprouvé de fréquentes & grandes infractions, vous
faites voir par une longue & excessive énuméra-
tion de ces infractions, que *les droits les plus es-* Page 154, 155, 156,
sentiels du citoyen, ceux de la nation, ceux de la li- 157, 158,
berté & de la propriété, étoient continuellement 159, &c.

transgreffés ; & vous finiffez par dire, *que ces ufages irréguliers de la puiffance, de quelque œil qu'ils foient vus, font des contraventions aux loix & à la Conftitution de l'Etat* ; ajoutant, *que leur poffibilité étoit un tort de la Conftitution elle-même.* N'eft-ce pas dire équivalemment que c'étoit le tort de fa nullité ? Puifqu'*une loi fans effet n'eft pas une loi,* comme l'a obfervé fort judicieufement le journalifte qui après avoir inféré dans fa dernière feuille comme *article communiqué,* un extrait de votre ouvrage (paffablement farci d'éloges), a joint dans une note, à la fuite de votre *recenfement* d'actes anti-conftitutionnels, quelques réflexions fur la conféquence à tirer de leur multitude & de leur continuité ; conféquence qui ne lui paroît pas quadrer fort bien avec l'amertume des reproches que vous me faites parce que je tiens pour nulle une Conftitution fi fréquemment violée, fi facilement violable. Et de bonne foi, Citoyen, en faire une proftituée incapable de réfiftance, quand elle doit être une vierge immaculée, n'eft-ce pas pire que de révoquer en doute fon exiftence ? N'eft-il pas plus décent de convenir qu'il n'y avoit pas en France de Conftitution politique, proprement dite, & authentiquement fixée, que d'accufer nos Rois de l'avoir fans ceffe foulée aux pieds ? Et comment a-t-il échappé à votre fagacité, que moi,

Nº 64 de M. Pelletier, voir la note.

5

j'abfous

j'abſous le Trône, quand je dis que faute de Conſtitution, les Rois de France avoient *le pouvoir de déroger à toutes les loix,* & que vous, rapporteur, vous prononcez leur condamnation, quand, après avoir montré qu'ils avoient, en dépit de la Conſtitution, *enfreint les plus ſolemnelles,* vous ajoutez *que tout infracteur des loix doit être*.... je m'arrête ; car ici je retomberois dans le ſérieux, & même dans l'indignation. Continuons le parallèle.

Pag. 255, lig. 23, & Pag. 257, lig. 23.

J'ai dit, trop franchement peut-être, que je ne ſavois ni en quoi conſiſtoit cette prétendue Conſtitution, ni où la prendre, ni à quelle époque on devoit s'arrêter pour la trouver. Voilà mon crime, que la circonſtance ſemble excuſer, puiſqu'il n'y a plus rien à diſſimuler, quand tout eſt détruit.————Mais vous, Citoyen, vous avez tranché le nœud à coups de ſabre, & vous avez abattu ſous votre maſſue, les très-divers eſſais des autres inventeurs, en préſentant, avec une noble hardieſſe, comme *la ſeule Conſtitution qui convienne à la France,* celle que vous avez vous-même organiſée, d'une manière qui ne s'accorde, ni, ſuivant vous-même, à ce qui exiſtoit pendant les deux ſiècles qui ont précédé la Révolution ; ni, ſuivant mes recherches, à rien qui ait jamais exiſté ; ni, ſuivant ce que tout le monde peut voir dans les nou-

Pag. 264, lig. 17.

veaux pamphlets, à aucune de celles que les
fectateurs d'une réintégrance abfolue ont entre-
pris de tracer. Par-là, vous avez démontré, bien
mieux que tous mes raifonnemens ne le pourroient faire, qu'une Conftitution politique, fur
l'identité de laquelle il y a fi peu d'accord, eft
une Conftitution invifible, & qu'une Conftitution invifible, introuvable, indéfiniffable, eft une
Conftitution qui n'exifte pas.

J'avois déjà commencé d'arguer de cette dif-
cordance, en terminant l'Appendix dont j'ai
annoncé la publication ; & c'étoit pour attendre
que chaque adorateur eût arrangé, à fa guife,
l'objet de fon culte, qu'il m'avoit paru à propos
de fufpendre cette publication : mais graces à
vous, Citoyen, rien ne m'arrêtera plus ; vous
avez magnifiquement enrichi, & même com-
pletté la collection des diffidences fur la Conftitution, qui prouve qu'aucune n'eft reconnue ;
& fort des armes que vous avez bien voulu me
fournir, je n'ai plus à craindre les affauts de ceux
qui ayant, comme les Païens dont parle St. Paul,
élevé un Temple au Dieu inconnu, pourfuivent
à outrance quiconque n'y porte pas fon encens.

Comme vous êtes aimable de venir fi puiffam-
ment à mon aide ! & qu'il eft avantageux d'avoir

affaire aux écrivains de votre forte, dont les ouvrages bigarrés offrent à tous les partis de quoi
les fatisfaire ! Amis, ennemis, royaliftes modérés,
royaliftes enthoufiaftes, conftitutionnels de 1791,
conftitutionnels réformés, nivelleurs des rangs(1),
équilibriftes des pouvoirs (2), encyclopédiftes
vos maîtres (3), économiftes vos frères d'autre-
'ois(4), républicains vos frères d'aujourd'hui (5),

---

(1) On trouve leur axiome favori, page 254, ligne 16 du
Rapport, où l'on fait, de la profcription des diftinctions héré-
ditaires, *un des élémens de nos loix.*

(2) Non-feulement l'Auteur du Rapport eft grand prôneur
du *fameux équilibre* ; mais même il en eft ordonnateur, en ces
termes : *Il eft ordonné de par la nature, que cet Etat* (la France) Page 151,
foit une Monarchie, & que cette Monarchie foit fufceptible d'un ligne 22.
jufte équilibre des pouvoirs. Ce que c'eft que d'être politico-
naturalifte, en même temps que magiftrat favant en ftyle
de placard ! Comme cela infpire de belles tournures !

(3) Le même Auteur s'eft toujours frotté, tant qu'il a pu,
contre les Encyclopédiftes, efpérant faire réfléchir fur lui
quelques rayons de leur gloire.

(4) Il étoit affilié à la fecte des Economiftes, & un des plus
illuminés.

(5) Ce n'eft point pour blâmer qu'on cite ce qu'il dit à la
page 150, où, après avoir excufé de fon mieux les Républicains, *il protefte qu'il s'honore des titres de Frère & de
Citoyen* (ligne 2 & 3).

E 2

tous fans exception, trouvent dans votre boutique de quoi s'affortir.

Pour moi, déterminé préfentement à n'y prendre que ce qui me convient, je vous fais remife de tout le refte. Ravalez votre venin, & n'en parlons plus : il eft bien jufte, après tout, que j'imite cette grandeur d'ame avec laquelle ayant épuifé tout votre efprit en odieux efforts pour me faire paroître coupable aux yeux du Roi, vous finiffez par rappeler *ce qui peut me faire*, fuivant vous, *trouver grace auprès de Sa Majefté*, daignant ainfi, en généreux vainqueur, me prendre fous les ailes de votre puiffante interceffion.

Page 242, ligne 6.

Je n'ai plus, Citoyen, qu'un mot à vous dire, c'eft fur votre défaveu amphibie d'une production que vous faites femblant de renier dans le même écrit où vous la careffez paternellement. Que fignifie, je vous prie, ce défaveu qui commence par un *on dit* ? il eft affez plaifant, cet *on dit*, quand vous parlez de vos propres réfolutions, & de ce qui dépend de vous-même. C'eft encore là une de vos diftractions ; car l'*on dit* n'eft vrai ni dans votre ame, ni dans le public : votre ame chérit certainement ce que vous appelez dans l'extrait communiqué, *l'expofition la plus complète que nous*

Extrait communiqué à M. Peltier, N° LXIV.

ayions de la Constitution politique de la France......
une réunion de modestie & de sagesse, de sentimens mo-
dérés & d'opinions fermes....où l'on trouve joint aux
vues d'un homme d'Etat, LE STYLE D'UNE PLUME
énergique.—Il est bien clair que c'est vous qui
parlez ainsi ; car quel autre auroit été assez péné-
trant pour découvrir en vous un homme d'Etat ?
Quel autre pourroit employer autant de justesse
d'expression pour vanter *le style de votre plume,*
mot bien plus correct assurément, que si l'on eût
dit *la plume de votre style,* pour caractériser un style
lourd ? Non, non, Citoyen, tous les *on dit* du
monde ne me persuaderont pas que votre ame
ait la foiblesse de désavouer ce qu'elle admire,
ce qu'elle a tant de raison d'admirer.

Quant au Public, sans préconiser aussi finement
que vous-même, la double offrande que vous lui
avez faite par une impression réitérée de votre
Rapport, il dit seulement que personne ne peut
s'y méprendre, qu'il porte votre cachet, & qu'il
est juste que vous en ayiez tout l'honneur, sans
qu'un désaveu simulé puisse vous en frustrer.

Vous avez beau protester que dans votre expo-
sition constitutionnelle, *il n'est aucune idée qui*
vous appartienne ; on entendra par-là, si l'on veut,

Page 266,
ligne 4.

que quelque main auxiliaire a contribué à l'ouvrage, & quelque autre aux frais : mais c'est
toujours à vous que la palme en est due ; & gar-
dez-vous sur-tout d'abdiquer, par aucune pusilla-
nimité, le titre de Législateur que vous vous êtes
acquis en posant d'une main assurée, les fondemens
de la Constitution future de la France, telle
qu'elle *sera réglée quand sera enfin arrivé le temps
où Sa Majesté pourra la concerter avec la Nation.*
Bien supérieur à De Lolme, à qui vous avez eu
la modestie de vous comparer, vous avez créé,
quand il n'a fait qu'observer.   C'est dans cette
partie que vous vous êtes élevé fort au-dessus de
vous-même ; elle est le plus beau fleuron de votre
couronne, & je ne vous conseille pas d'y renoncer ; car, sans elle, que resteroit-il de votre long
Rapport ?

Page 252,
fig. 7, 9 & 10.

Des horreurs contre moi ?—Bel objet d'intérêt
à présenter au Public, à travers les terribles cir-
constances qui absorbent l'attention générale !

Des faussetés mal ourdies ?—Ce que vous auriez de mieux à faire à leur égard, seroit de les
mettre au rebut dans l'addition que vous recon-
noissez qu'il faudroit aux 4 pages de votre *Errata.*

Des délations marquées au coin de la paſſion ?
—Elles ne peuvent être payées que de mépris ; et
je ſuis auſſi exact que tout autre, à vous payer.

De viles adulations ?—C'eſt une bien mauvaiſe
recommandation auprès d'un Prince d'un caractère élevé : &, pour vous parler encore une fois
le langage du divin La Fontaine,

> Je vous dirai, mon beau Monſieur,
> Qu'un ridicule & plat flatteur
> Déplaît toujours à celui qui l'écoute :
> Cette leçon vaut bien un *ſot Rapport* ſans doute.

www.ingramcontent.com/pod-product-compliance
Lightning Source LLC
Chambersburg PA
CBHW051324060726
47596CB00004B/1465